Du diagrammes SDL en Machines à états finis sous StateFlow

Besma Jedli

Du diagrammes SDL en Machines à états finis sous StateFlow

Transformation des diagrammes SDL de la technique d'accès et du protocole FlexRay en machines à états finis sous State

Éditions universitaires européennes

Mentions légales / Imprint (applicable pour l'Allemagne seulement / only for Germany)
Information bibliographique publiée par la Deutsche Nationalbibliothek: La Deutsche Nationalbibliothek inscrit cette publication à la Deutsche Nationalbibliografie; des données bibliographiques détaillées sont disponibles sur internet à l'adresse http://dnb.d-nb.de.

Photo de la couverture: www.ingimage.com

Editeur: Éditions universitaires européennes est une marque déposée de
Südwestdeutscher Verlag für Hochschulschriften GmbH & Co. KG
Dudweiler Landstr. 99, 66123 Sarrebruck, Allemagne
Téléphone +49 681 37 20 271-1, Fax +49 681 37 20 271-0
Email: info@editions-ue.com

Produit en Allemagne:
Schaltungsdienst Lange o.H.G., Berlin
Books on Demand GmbH, Norderstedt
Reha GmbH, Saarbrücken
Amazon Distribution GmbH, Leipzig
ISBN: 978-613-1-59509-7

Imprint (only for USA, GB)
Bibliographic information published by the Deutsche Nationalbibliothek: The Deutsche Nationalbibliothek lists this publication in the Deutsche Nationalbibliografie; detailed bibliographic data are available in the Internet at http://dnb.d-nb.de.

Cover image: www.ingimage.com

Publisher: Éditions universitaires européennes is an imprint of the publishing house
Südwestdeutscher Verlag für Hochschulschriften GmbH & Co. KG
Dudweiler Landstr. 99, 66123 Saarbrücken, Germany
Phone +49 681 3720-310, Fax +49 681 3720-3109
Email: info@editions-ue.com

Printed in the U.S.A.
Printed in the U.K. by (see last page)
ISBN: 978-613-1-59509-7

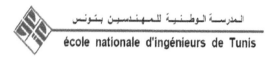

école nationale d'ingénieurs de Tunis

Mémoire du Mastère

Systèmes Electriques

Transformation des diagrammes SDL de la technique d'accès et du protocole FlexRay en Machines à états finis sous StateFlow

---

Présenté par

Jedli Besma

Soutenu le 09 /04/2011 devant le jury composé de :

Président   : Mr. Khaled Jlassi
Examinateur : Mr. Taher Ezzedine
Encadreur   : Mr.Salem Hasnaoui
Encadreur   : Mr.Oussama Kallel

Année universitaire : 2010-2011

B.P.37 le Belvédère 1002 Tunis Tunisie – Tél : 216 71 874 700
Fax : 216 71 872 729
Email : Enit@enit.rnu.tn

Résumé :

L'objectif de ce sujet de mastère se manifeste dans la transformation des diagrammes SDL de la technique d'accès et du protocole FlexRay en Machines à états finis sous StateFlow.

En effet, on cherche à fournir ou générer le code en C et ou VHDL d'un nouveau protocole de communication temps réel et plus puissant que les autres protocoles déjà existant tels que le CAN et le LIN. FlexRay est caractérisé essentiellement par un haut débit de communication qui atteint le 20 Mbit/s et des techniques d'accès au bus particulières : le TDMA (Time Division Multiple Access) el le FTDMA (Flexible Time Division Multiple Access).
La spécification du protocole nous fourni les différents diagrammes SDL de la technique d'accès et du protocole FlexRay pour les transformer en premier lieu en machines à états finis. Ces derniers vont être implémentés sous StateFlow, ensuite il y aura génération du code tout en utilisant « HDL Coder » ou «Real Time Workshop ».

Dédicaces

Qu'il me soit permis au seuil de ce modeste mémoire d'exprimer ma plus profonde reconnaissance:

À mes chers parents Mohamed et Bachra: Qui n'ont jamais cessé de me soutenir, m'assister et
m'encourager. A ceux qui ont sacrifié leurs plus belles années pour embellir les miennes,
je dois ma réussite, aucun mot ne serait assez pour témoigner de l'étendue des sentiments
que j'éprouve à leur égard. Que nulle dédicace ne puisse exprimer ce que je leur dois,
pour leur bienveillance depuis ma plus jeune enfance, leur affection et leur soutien.
En témoignage de mon profond amour et ma gratitude pour les sacrifices qu'ils avaient
consentis

À mes sœurs Amel et Marwa et mes frères Sadok, Karim et Abdel Kadher: Pour la merveilleuse enfance que nous avons vécue ensemble. Je leur souhaite tant de réussite dans leur vie

À tous ceux et celles qui m'ont partagé les longues années de labeur, tous d'abord à
Kasserine et enfin à Tunis

À tous mes amis : Pour les moments agréables que nous avons passés ensemble,
En leur souhaitant le succès dans leur vie aussi bien professionnelle que familiale

À tous ceux qui m'ont aidé afin de réaliser ce travail

À tous ceux que j'aime et qui m'aiment

Je leur dédie ce modeste travail en témoignage de mon grand amour et ma gratitude

Besma

Remerciements

Au terme de ce travail, je voudrais adresser mes sincères remerciements à mes encadreurs Monsieur Hasnaoui Salem et Monsieur Kallel Oussama pour leur encadrement, pour leur aide précieuse, leur profonde contribution à l'élaboration de ce travail et leur soutien ainsi que leur encouragements tout au long de ce projet.

Je remercie également le responsable du mastère de recherche Madame Ilhem Slama Belkhodja et les professeurs en collaboration avec le Laboratoire de Systèmes Electriques. Je les remercie non seulement pour le savoir qu'ils nous ont transmis mais aussi pour la fierté et l'ambition que leur personne nous aspirent.

J'exprime ma profonde gratitude aux membres du jury pour avoir bien accepté d'évaluer mon travail.

Finalement, je remercie tous ceux qui de près ou de loin, n'ont épargné aucun effort pour me soutenir, épauler et qui croire en moi.

Sommaire

Liste des tableaux

Liste des figures

Introduction générale

La nécessité d'échanger une grande quantité d'information dans tous les domaines surtout dans le secteur automobile, avec le minimum d'encombrement, de coût, de poids et de complexité de câblage a conduit au développement d'un grand nombre des réseaux automobiles dont on peut citer les réseaux LIN-Local Interconnect Network, CAN-Controller Area Network, TTP/C Time-Triggered Protocol (C class) et FlexRay. Le protocole CAN est actuellement le plus utilisé, mais il représente assez de limites dont les plus importants sont le temps d'accès qui n'est pas strictement déterministe et le manque d'un haut degré de sécurité. Ces inconvénients ont été le point de départ pour la proposition d'un autre protocole plus performant que le CAN, ce qui a donné naissance au protocole FlexRay, défini et spécifié par le consortium automobile *"FlexRay"*. Nous nous intéressons dans ce mémoire de mastère à ce protocole en transformant ses diagrammes SDL en machines à états finis et par la suite à son code C ou VHDL dépendant de la cible de son implémentation.

FlexRay est devenu le protocole « de choix » des constructeurs automobiles pour les réseaux embarqués de véhicules haut de gamme et ce pour plusieurs raisons :

- Ce système cadencé par le temps (Time triggered) assure des temps d'accès déterministes.
- Il est tolérant aux défauts en assurant une transmission fiable et synchronisée de messages particulièrement pour les applications critiques (freinage, direction, suspension).
- Il se caractérise également par sa souplesse autorisant de multiples topologies réseau : point-à-point, bus passif et étoile active.
- Sa bande passante brute est vingt fois supérieure à celle du bus CAN. [6]

Ce nouveau protocole représente une terre fertile de développement et d'évolution. En effet, dans ce mémoire de mastère nous allons implémenter la technique d'accès et le protocole FlexRay sous StateFlow à partir de leurs machines à états finis (ou FSM-Finite State Machines) par une transformation adéquate de leurs diagrammes SDL (Specification and Description Language) spécifiés dans la norme. Il convient de noter que les diagrammes SDL sont standardisés par l'IUT pour la représentation des comportements des protocoles réseaux et des techniques d'accès MAC.

Nous avons découpé le mémoire en trois chapitres dont le premier introduit le contrôleur FlexRay, le deuxième expose l'environnement de travail et le mécanisme de transformation des diagrammes SDL en FSM. Le troisième chapitre est consacré pour la simulation et la vérification des différents blocs implémentés au cours de deuxième chapitre.

Méthodologie du travail

I.   Introduction

Le contrôleur réseau FlexRay est un circuit intégré complexe et difficile à étudier. Ceci à imposé une méthodologie de travail bien déterminer. En effet, durant cette partie nous allons clarifier les différents étapes à achever afin d'avoir un model représentant notre système.

II.   Les étapes de travail

La démarche à suivre pour atteindre notre objectif figure dans le diagramme suivant. Ce dernier est composé de sept pas dont chacun est expliqué ainsi de suite.

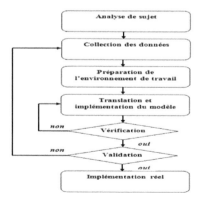

I

1. Analyse de sujet

C'est la première étape à faire lors d'obtention de sujet. Elle consiste à souligné les mots clé et à fixé les objectifs à atteindre.

2. Collection des données

Le système à étudier détermine les données nécessaires pour la conception et la vérification du modèle. Cette tâche est effectuée dans le premier chapitre.

3. Préparation de l'environnement de travail

Dans le deuxième chapitre nous allons étudier, installer et manipuler l'environnement de travail qui se manifeste dans le logiciel Matlab et ces environnements intégré Simulink et StateFlow.

4. Translation et implémentation du modèle

Cette étape est effectuer dans le deuxième chapitre .Durant cette tâche il y a conversion de notre modèle de la forme papier ou conceptuel en un programme sur ordinateur

5. Vérification

C'est la phase de débogage du modèle. La fonctionnalité du modèle peut être testé tout en imposant les « inputs » de chaque bloc du notre modèle et enfin analyser les « outputs ».

6. Validation

Cette étape permet de déterminer si la représentation du modèle du système est achevée. En effet, si cette représentation est erronée ou incomplète nous devons retourner à la phase de collection de données. La phase de validation est totalement différente de celle de la vérification. En fait cette dernière se manifeste dans la construction du modèle mais la validation consiste à prouver si c'est le correct modèle à implémenter.

7. Implémentation réel

C'est la phase de chargement du modèle dans une carte à base de FPGA ou ASIC et voir le comportement sur le plan réel de notre modèle.

III. Conclusion

FlexRay est un nouveau protocole de communication. Il est caractérisé par sa complexité ce qui rend son étude et son analyse un peu difficile, pour cela nous avons fixé les étapes à suivre afin d'atteindre les objectifs souligné. En effet, durant les trois chapitres du mémoire nous allons couvrir les six premières étapes.

Introduction au protocole FlexRay

I.   Introduction

Le protocole FlexRay est une nouvelle norme de communication développée par un consortium crée en 1999 et constitué essentiellement par des constructeurs automobiles tel que BMW, Daimler et General Motors, des équipementiers automobiles ainsi Robert Bosch GmbH et Delphi et des fondeurs de silicium ainsi Freescale et NXP.

Chaque système FlexRay est constitué d'un ensemble des unités de control électronique(ECU), appelé nœuds, ces derniers sont reliés entre eux par bus afin d'assurer l'échange des informations.

Le développement et l'implémentation du FlexRay ayant pour objectifs, l'introduction d'un protocole souple, temps réel, déterministe, flexible et tolérant aux fautes.

Dans ce chapitre on va introduire les différentes topologies du réseau FlexRay, puis parlé de son principe et architecture interne. Ensuite toute une partie est réservée pour l'étude des trames FlexRay et de son hiérarchie temporelle. Et avant de conclure on va présenter l'unité de contrôle électronique contenant le contrôleur réseau FlexRay ainsi que le domaine d'application de ce type de réseau.

II. Caractéristiques du protocole FlexRay

1. Avantages du protocole FlexRay

Le nouveau réseau de communication FlexRay est caractérisé essentiellement par :

- un débit variant de 1M à 20Mbps ;
- deux canaux de transmission assurant à la fois la redondance des messages (mécanisme de tolérance aux fautes) ainsi que le dédoublement de la bande passante ;
- le déterminisme ;
- des trames de longueur variant entre 2 et 254 octets de données.

2

2. Classification du protocole FlexRay

Classe	Vitesse de communication	Applications	Exemples des réseaux
Classe A	10K à 125Kbps	Le domaine habitacle (*Body*) : affichages sur le tableau de bord, le contrôle des essuie-glaces, les phares, les portières, les vitres…	LIN
Classe B	125K à 1Mbps	Anti-blocage des freins (ABS), direction assistée et contrôle moteur.	CAN
Classe C	1M à 10Mbps	Les applications temps réel critiques : contrôle du moteur, du châssis, du système ABS, et des systèmes de suspension et de freinage…	FlexRay
Classe D	>=10Mbps	Les applications multimédia et télématiques : la téléphonie main libre, la radio, la lecture de CD, DVD, l'aide à la navigation, les jeux, le télédiagnostic du véhicule… .	MOST1394

**Tableau I.1 : Classification du protocole
FlexRay**

En fait le réseau FlexRay appartient à la classe C. Il est
dédié essentiellement pour les applications automobiles de
haut niveau de sécurité telles que les systèmes de suspension,

3

de freinage et le contrôle du moteur. Tels applications sont soumises à des contraintes de temps strict ayant un fort impact sur les performances ainsi que sur la sécurité d'un véhicule.

3. Topologies de réseau FlexRay [1]

Pour l'architecture du protocole FlexRay, on note différents possibilité .En effet, l'ensemble des nœuds FlexRay peuvent être connecté en bus, en étoile ou en architecture hybride .Concernant l'architecture étoile, elle peut être soit étoile active, soit étoiles actives en cascade ou étoile double canal.

Chacune de ces topologies possède des points forts et des points faibles, ainsi que chacune d'eux a ses propres domaines d'application.

En fait, la topologie bus est la plus simple mais elle est presque abonnée à cause des dérivations qui forment des nœuds d'ondes sur le bus ceci annulent, dégradent ou amplifient localement les tensions se trouvant aux points de rattachement des brettelles ce qui abiment la nature des signaux.

La topologie étoile est plus sécurisé et plus performante par rapport à celle bus puisqu'elle permet l'aiguillage de l'information au nœud concerné, ainsi que l'isolation des éléments en panne (câbles, nœuds) comme elle permet la remise en forme des signaux. L'architecture étoile double canal est la topologie la plus parlante du protocole FlexRay puisqu'elle introduit la notion de redondance des canaux.

La topologie hybride est celle la plus complexe mais elle définit l'architecture la plus utilisé pour les applications haut débit tel que FlexRay.

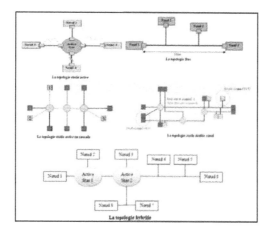

Figure I.1 : Les différentes topologies du protocole FlexRay

III. Principe et architecture du protocole FlexRay

1. Principe du protocole FlexRay

Pour le réseau FlexRay les informations sont transférées dans des trames .Ces trames sont transmises dans des intervalles de temps ou slots prédéfinis .En effet, l'enchainement des slots suit un format rigide qui se répète régulièrement et qui enchaîne deux fenêtres, une statique et l'autre dynamique. Ce principe d'accès au bus est appelé Time Division Multiple Access ou TDMA. En effet, via la technique de communication TDMA les trames sont traitées selon un calendrier prédéfini (prenons l'exemple de lecture d'un capteur de température chaque 200ms à partir de 100s).

Cette stratégie est caractérisée par un ensemble d'avantages, en fait, elle permet de concevoir des systèmes déterministes, comme elle facilite la détection d'une unité défaillante lorsqu'une trame n'est pas transmise dans le slot qui lui est réservé.

Cette mode de communication ayant aussi des inconvénients ainsi le temps de développement important et la difficulté d'évolution, ce qui influe sur le cout matériel.

2. Architecture du protocole FlexRay

Le réseau FlexRay est caractérisé par une architecture en couche. En effet, on trouve en premier lieu la couche physique qui représente la partie matériel, constitué de deux canaux FlexRay et des drivers électronique (le circuit intégré AS8221S). Puis on trouve la couche liaison constitué de contrôleur réseau (le MB88121B) qui assure la liaison entre la couche réseau et celle physique. Ensuite, on trouve en troisième lieu la couche réseau ou partie software présenté par les pilotes.

En fin on trouve les quatre derniers couches de modèle OSI (Open System Interconnexion) (couches : transport, session, présentation et application).

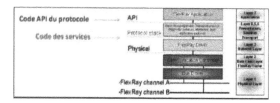

Figure I.2 : Architecture protocolaire du réseau FlexRay

IV. Principe d'accès au bus

Le cycle de communication d'un réseau FlexRay est constitué de quatre parties, une fenêtre statique, une fenêtre dynamique, une fenêtre de symbole et la fenêtre de temps de repos de réseau. [3]

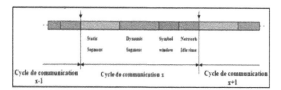

Figure I.3 : La structure d'un cycle de communication [5]

1. La fenêtre statique

Cette fenêtre est découpé en tranches de temps fixe appelé « slot » caractérisé par une taille constante. Chaque slot représente une trame d'identifiant donné est émises.

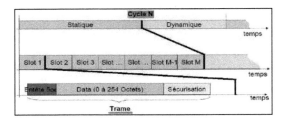

Figure I.4 : Le segment statique

Ceci assure une communication en mode Time Triggred (cette mode est caractérisée par les dates d'émission périodique, les dates du départ et de latence connues à l'avance ainsi que la nécessite d'un service de synchronisation) et une émission déterministe des données. Pour chaque nœud de cluster, il est réservé une ou plusieurs intervalles de temps ou slots pour le transfert des informations. Prenons l'exemple de la figure ci-dessous qui décrit un cycle de cinq slots partagé par les nœuds A, B et C.

2. La fenêtre dynamique

Cette partie est caractérisée par une mode de communication Event Triggred (cette mode est caractérisé par des dates d'émissions individuels, des dates du départ et temps de latence inconnues à l'avance comme il nécessite un service), d'où l'émission non déterministe des données. Ce principe est très proche à celui de mode de communication du CAN.

En fait, le segment dynamique est divisé en intervalles de temps appelé mini slots, et chaque nœud peut allouer un nombre prédéfinis des ces mini slots qui ne peuvent pas être contigües.

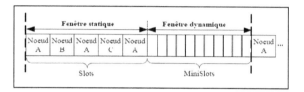

Figure I.5: Un exemple de cycle FlexRay

3. La fenêtre de symbole

La spécification du protocole FlexRay définie trois symboles [4] :

- Le symbole Wakeup (WUS) qui est transmit seulement à l'état WAKEUP
- Le symbole Collision avoidance (CAS) qui est transmit seulement à l'état STARTUP

- Le symbole Media access test (MTS) qui est transmit à l'état NORMAL_ACTIVE lors du test de bus Guardian.

4. La fenêtre de temps de repos

C'est une phase pendant laquelle le réseau est en mode repos appelé « Network Idle Time »(NIT). Ce temps est exploité par le contrôleur réseau pour calculer les valeurs d'offset et de fréquence nécessaire pour la synchronisation d'horloge, ainsi la correction d'offset pour chaque cycle.

V. Les trames FlexRay

Les trames FlexRay possèdent la même forme. En effet, ils sont composés essentiellement de trois segments :

un segment d'en-tête « header segment » ;

un segment de données « payload segment » portant l'information utile ;

un segment de fin de trame « trailer section ».

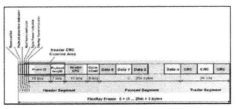

Figure I.6 : Forme d'une trame FlexRay

10

Chaque nœud doit transmettre ses trames sur le réseau suivant un ordre bien défini .En fait, le segment entête est transmit le premier suivi de segment de données puis suivi de segment de fin de trame. Dans les différents parties de la trame, le nœud émis les champs de gauche à droite, d'où le bit réservé est transmis en premier lieu.

1. Le segment entête

Le segment entête du protocole FlexRay est composé de 5 octets (40 bits). Ces octets contenant un bit réservé, un bit pour l'indication de préambule la charge utile, un bit pour l'indication d'une trame nulle, un bit pour l'indication de synchronisation de trame, un indicateur de démarrage, l'identifiant de trame ID, la longueur de segment de données, le CRC d'entête et le nombre de cycles.

a. *Les bits de type de trame* : ils sont au nombre de cinq :

- Le bit réservé « Reserved bit (1bit) » : C'est un bit réservé pour une future utilisation de protocole FlexRay.

- Un indicateur de préambule la charge utile «Payload preamble indicator (1 bit) » : indique s'il existe un vecteur optionnel contenue dans le segment de données de la trame transmise.

- Un indicateur de trame nulle «Null frame indicator (1 bit) » : il indique si la trame est nulle, dans le sens que le segment de données ne contient aucune charge utile. En effet, si cet indicateur est mis à 0, le « payload segment »

11

ne contient aucune information utile. Pour cette condition, le segment de données est chargé par des zéros.

- Un indicateur de synchronisation de trame « Synchrone frame indicator (1 bit) » : indique si la trame est une trame de synchronisation ou non. Si ce bit est mis à 0 alors aucun nœud récepteur n'utilise la trame pour la synchronisation. Et pour le cas contraire, tous les nœuds récepteurs doivent utiliser la trame pour la synchronisation.

- Un indicateur de démarrage « Startup frame indicator (1 bit) » : indique si l'information est une trame de démarrage ou non.

b. *L'identificateur de trames (Frame ID)* : définie sur 11bits, d'où son plage varie entre 1 et 2047. En effet, pour chaque trame à transmettre est assigné un propre ID. Cet identificateur définie le slot dont lequel la trame doit être transmis, ainsi la priorité des trames dans le segment dynamique. Pour le dernier raison, cet identificateur est utilisé au plus une fois sur chaque canal par cycle de communication.

c. *Longueur de la charge utile « Payload length »* : ce champ est équipé de 7 bits il indique la taille de segment de données qui varie entre 1 et 254 octets.

d. *Le code CRC de l'entête« Header CRC »* : il est formé de 11bit .En effet, le contrôleur réseau ne calcule pas le code CRC (cyclic redundancy check code) d'une trame transmise, par contre il calcul le CRC d'une trame reçue afin de vérifier que le CRC est correct, tout en utilisant le polynôme suivant :

$$x^{11} + x^9 + x^8 + x^7 + x^2 + 1$$
$$= (x + 1)(x^5 + x^3 + 1)(x^5 + x^4 + x + 1)$$

e. **Le compteur de cycle « Cycle count »** : il est codé sur 6 bits, en effet, il permet de donner le numéro de cycle de communication qui varie entre 0 et 63.La valeur de compteur de cycle s'initialise (revient à 0) lorsqu'il atteint son valeur maximale 63.

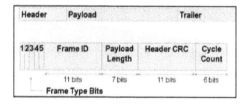

Figure I.7 : Format de segment d'entête

2. Le segment de données « FlexRay payload segment »

Contient des données dont la taille varie entre 0 et 254 octets (de 0 à 127 mots de deux octets)

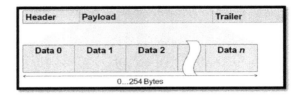

Figure I.8 : Format de segment de données

3. Le segment de fin de trame « Trailer Segment »

La trame conclut avec une fin de trame contenant un champ unique CRC de 24 bits. Il est important de ne pas confondre ce CRC avec celui rencontré au segment d'entête de trame. Celui-ci est calculé par le contrôleur réseau pendant la phase de transmission et la phase de réception des données. Ce qui permet au réseau de détecter les erreurs éventuelles lors de la transmission. La vérification du code CRC se fait via le polynôme :

VI. Principe de synchronisation du protocole FlexRay

Pour le protocole FlexRay, chaque nœud du cluster possède son propre horloge. Mais, a cause des fluctuations de la température et de la tension, le temps proportionnelle à

14

chaque nœud diverge après une petite période, d'où la nécessité d'un algorithme de synchronisation entre ses différents nœuds.

En effet, une auto-synchronisation par rapport au cluster est effectuée par chaque nœud tout en adaptant cet algorithme.

1. Hiérarchie temporelle du protocole

L'hiérarchie temporelle représentée dans chaque nœud FlexRay est basé essentiellement sur des cycles de communication, des macroticks et des microticks.

En fait, un cycle de communication est constitué d'un nombre entier de macroticks, et un macrotick est constitué d'un nombre entier de microticks.

- Les microticks : ils sont les plus petites unités de temps dans la hiérarchie temporelle du protocole. Ils ont comme origine l'horloge externe du contrôleur réseau. Ainsi que chaque nœud se caractérise par ses propres microticks qui peuvent être différents des autres nœuds.
- Les macroticks : La duré de chaque macrotick est un nombre entier de microticks, et chaque nombre de microtick par macrotick peut être différent entre deux macroticks de chaque nœud.
- Un cycle de communication : C'est un intervalle de temps divisé en un nombre entier de macroticks. Cette

15

valeur de macroticks doit être identique pour tous les nœuds de cluster et pour tous les cycles.

Ceci est plus détaillé dans les figures ci-dessous.

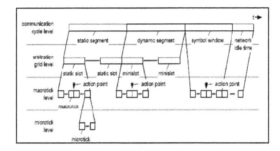

Figure I.9 : Le cycle de communication

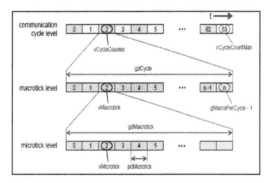

Figure I.10 : Hiérarchie temporelle détaillé du protocole FlexRay

16

Avec :

- vCycleCounter : le nombre de cycle
- cCycleCountMax : la valeur maximale qui peut être atteinte par le compteur de cycle
- gdCycle : la durée globale du cycle
- vMacrotick : le nombre de macrotick
- gMacroPerCycle – 1 : le nombre de macroticks par cycle
- gdMacrotick : la durée globale du macrotick
- vMicrotick : le nombre de microtick
- pdMicrotick : la durée du microtick proportionnel à chaque nœud

2. Algorithme de synchronisation

Le mécanisme de synchronisation est énormément lié au calcul et à la correction de phase et de la fréquence. En effet, les conditions suivants doivent être achevé afin d'atteindre notre but :

- La correction de fréquence et d'offset doit être effectuée de la même manière pour tous les nœuds ;
- La valeur de correction d'offset (vOffsetCorrection) qui est calculée chaque cycle indique le nombre de microticks qui doit être ajouté pour la correction d'offset. Cette valeur peut être positive comme elle peut être négative ;

17

- La valeur de correction de fréquence (*vRateCorrection*), qui est calculée une seule fois par deux cycles durant le cycle impaire, indique le nombre de microticks qui doit être ajouté ou enlevé pour la correction de fréquence ;

- La correction d'offset s'effectue pendant la phase «Network Idle Time NIT» pour un cycle impaire, par contre la correction de fréquence doit être durant tout le cycle ;

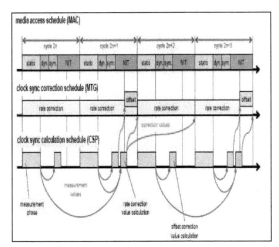

Figure I.11 : Présentation de principe de synchronisation

VII. Spécification du contrôleur réseau FlexRay

1. Présentation de l'unité de contrôle électronique (ECU)

Le réseau FlexRay est constitué d'un ensemble des nœuds connectés entre eux par un ou deux canaux, pour cette raison le débit de transmission et de réception peut balayer entre 10 et 20Mb/s.

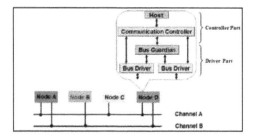

Figure I.12 : Architecture interne d'un nœud

Chaque nœud FlexRay est constitué de deux parties, une première partie de control et l'autre de commande. Pour la zone de control elle inclut le processeur et le contrôleur réseau. Et pour celle de commande elle est composée de bus Guardian et de bus driver.

19

Pour le bus Driver il permet d'assurer la connexion du contrôleur réseau au bus.

Concernant le bus Guardian il est responsable du contrôle d'accès au bus. En fait, le processeur informe le bus Guardian sur les slots de temps réservé par le contrôleur réseau, via ces informations le bus Guardian ne permet la transmission des données que seulement dans ces slots de temps, par la suite il active le bus driver. Ainsi qu'au cas de dépassement de temps le bus Guardian interrompt la transmission. En conclusion, la fonction principale de ce bus consiste à autorisé ou à interdire la commande du driver électronique et à contrôler l'accès au medium. En effet, la transmission d'un trame ne commence que lorsque le « bus Guardian » donne l'accès au bus.

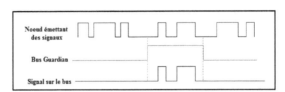

Figure I.13 : Principe de fonctionnement du bus Guardian

2. Architecture interne du contrôleur réseau FlexRay

Le contrôleur réseau est constitué essentiellement de 8 blocks :

- unité d'interface avec le CPU (controller host interface (CHI)) : cette unité assure l'interface entre le processeur et le contrôleur réseau ;
- unité de contrôle des opérations de protocole (Protocol operation control(POC)) : cette unité traite les commandes d'accueil et les conditions du protocole ;
- unité de synchronisation d'horloge (CSP) : ce block permet la génération d'une valeur d'horloge qui est utilisé comme une unité de temps local qui va contribuer dans la synchronisation avec les autres nœuds;
- unité de génération des Macroticks (MTG) : cette unité participe dans la synchronisation d'horloge ;
- unité de début de synchronisation d'horloge (clock synchronization startup (CSS)) ;
- unité de contrôle d'accès (media access control (MAC)) ;
- unité de codage et de décodage (coding/decoding process (CDP)) : elle effectue les opérations d'écriture et de lecture au niveau de bus. En outre, il décode les messages reçu et encode les messages pour la transmission ;
- unité de traitement des trames et des symboles (FSP) : cette unité représente une interface entre les trames et la phase de décodage des symboles. Comme il permet la

21

vérification du timing des trames tout en respectant les
contraintes du TDMA.

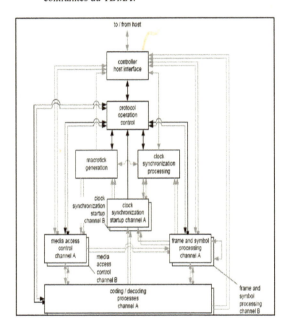

**Figure I.14 : Architecture interne du contrôleur réseau
FlexRay [2]**

VIII. Domaine d'application du protocole FlexRay

Le réseau FlexRay est dédié essentiellement pour des applications automobiles. Mais, il n'est pas implémenté que dans la voiture BMW X5 en 2007 pour le système « Adaptive Drive », le système de modulation de l'amortissement, en plus aucune production à grande échelle est enregistrée.

Et malgré qu'il soit considéré comme un réseau immature et encours de développement, il est destiné pour les applications suivantes :

- Le système de freinage
- Le système de suspension
- Le système de direction
- Le système d'accélération

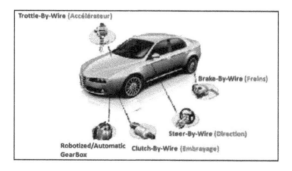

Figure I.15 : Domaines d'application du réseau FlexRay [3]

IX. Conclusion

Le déterminisme, la tolérance au fautes et le haut débit : tous ces exigences sont réunis pour forcer le développement d'un nouveau réseau de communication le FlexRay, tout en s'inspirant du réseau CAN.

En effet, dans ce chapitre introductif, nous avons présenté les notions de base du protocole FlexRay. On a commencé alors par mettre l'accent sur les différentes topologies du réseau, son architecture interne. Comme on a introduit le principe d'accès au bus, le format des trames et le principe de synchronisation. Et enfin l'unité de contrôle électronique ECU qui intègre le contrôleur réseau, le MB88121B, qui va être plus développé dans le chapitre suivant.

Transformation des diagrammes SDL du FlexRay sous StateFlow

I.   Introduction

Le système de communication par bus FlexRay développé essentiellement pour les applications automobiles est décrit dans sa spécification tout en utilisant une méthode graphique appelé SDL (Specific Description Language). Ces diagrammes SDL ne peuvent pas être transformé directement en code VHDL ou en code C pour des objectifs de simulation, d'où la nécessité de passage par les machines à état finis (FSM).

25

Afin d'atteindre notre objectif, dans ce chapitre nous allons suivre les étapes suivantes, en effet, le contrôleur réseau FlexRay doit être initialement dessiné en utilisant les diagrammes SDL, ensuite ces derniers vont être transformé en FSM via StateFlow. Et pour l'implémentation hardware FlexRay est désigné via VHDL tout en se basant sur les résultats des FSM.

II. Présentation de l'environnement du travail

1. Les diagrammes SDL

a. Définition du langage SDL

Le langage SDL ou « Specific Description Language » est destiné pour la modélisation d'une manière claire les systèmes temps réel, distribué, complexe et interactifs. En fait, c'est un langage formel, standardisé par l'IUT (International Telecommunication Union).

Les diagrammes SDL présentent plusieurs avantages. D'une part, vu le nombre limité des outils graphiques, ce langage participe énormément dans la compréhension et la structuration des systèmes complexes. D'autre part, grâce à la structure stricte et la sémantique bien définie du langage SDL, il est possible de faire l'implémentation des outils ayant pour rôle la vérification du système modélisé, la réalisation des machines à états finis, et finalement effectuer des simulations, génération et test du code.

26

Mais, le langage SDL est limité à la spécification des comportements des systèmes dans le domaine des télécommunications, en fait, elle ne présente pas une solution pour la modélisation précise des systèmes embarqués.

b. Structure des diagrammes SDL

Les diagrammes SDL ont une structure simple, en fait, ils sont formés par trois éléments : le système, les blocs et les processus.

- Le système : c'est l'unité la plus extérieur contenant l'ensemble de l'univers à présenter, comme elle joue le rôle d'une frontière entre le système modélisé et son environnement ;
- Un bloc : peut englober d'autre blocs comme il peut être constitué d'un ensemble de processus interconnectés entre eux par des canaux ;
- Un processus : c'est la structure de base des diagrammes SDL pouvant définir des automates d'états finis ainsi que des variables locale et des signaux d'entrées sortie.

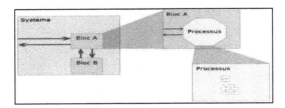

Figure II.1 : La hiérarchie imbriquée de SDL

c. Signification des outils graphique des diagrammes

Dans les diagrammes SDl, on distingue deux modes de description, une mode textuel et l'autre graphique. Pour la dernière, les états sont présenter par des rectangles arrondis, et pour les transitions ils sont modélisées via des flèches, comme on trouve des symboles spécifique au entrées et au sorties. Les différents symboles sont définis dans les deux figures suivant :

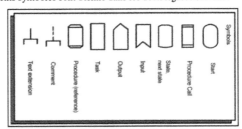

Figure II.2 : La signification des symboles

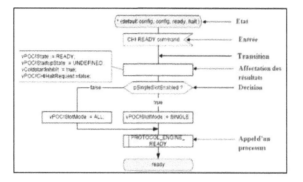

**Figure II.3 : Exemple d'une interface graphique d'un
diagramme SDL**

2. L'environnement de conception SDL et de génération de code C : JSDL

4.1. Définition de l'environnement JSDL

JSDL ou « Jens's simple SDL » représente un environnement de développement intégré, dédié pour des applications spécifique tel que SDL.

JSDL est différent du SDL, en effet, SDL est un langage de description des machines à états finis. Ce langage se trouve sous deux formes, une forme graphique qui est facile à le comprendre et à le manipuler, et l'autre est une forme textuelle qui est plus complexe surtout pour le développement des applications embarqués. Mais ces deux catégories sont loin d'être directement utilisé surtout pour un débutant.

Dans cette phase, on a senti la nécessité d'un code C/C++ pour avoir le passage des diagrammes SDL au FSM. Ceci a exigé l'intégration de l'environnement JSDL, qui réuni à la fois les avantages des diagrammes SDL avec l'opportunité de génération automatique du code C.

Figure II.4 : Le passage des diagrammes SDL au FSM

4.2. La différence entre SDL et JSDL

- JSDL ne supporte pas la version textuelle du SDL par contre il utilise la version graphique ;
- Il y a une différence minime dans les symboles utiliser ;
- JSDL permet la génération du code C ;
- Le design graphique permet de mieux comprendre et de vérifier le code C générer.

3. L'outil Matlab

a. Matlab

Matlab, ce nom découle du terme «**MAT**rix **LAB**oratory ». Il est développé par l'entreprise « Math Works ».

Matlab est un logiciel très puissant dans le calcul matriciel, le calcul vectoriel, ainsi que dans l'analyse et la visualisation des données. Comme il représente un outil de conception et de manipulation des interfaces graphique. En effet, c'est un outil informatique dédié au calcul scientifique, à la simulation des processus. En revanche, il possède une interface graphique qui facilite son utilisation.

Il est adapté à plusieurs plateformes telles que Windows, X-Windows et Macintoch.

Ce logiciel adopte deux modes de fonctionnement : [8]

- Une mode interactif : caractérisé par une exécution momentané des commandes.
- Une mode exécutif : les commandes sont écrites dans un fichier .M, puis ils sont exécuté ligne par ligne.

Matlab se trouve associé à un ensemble d'outils, qui figure dans le schéma ci_dessous, en effet, on distingue : [8]

- La fenêtre de commande : dans cette partie, il ya écriture des commandes et visualisation des résultats.
- La fenêtre graphique : représente l'interface ou on trace les graphiques de Matlab.
- Les Toolboxes : représentent un ensemble de fichiers .M destiné pour des applications bien définies.
- Les fichiers .M : ce sont un ensemble de scripts écrites en langage Matlab.
- Les Blocksets : représentent un ensemble de blocks Simulink destiné pour des applications bien déterminés.
- Simulink : représente l'extension graphique de Matlab.

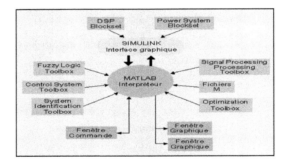

Figure II.5 : L'environnement Matlab et ses outils

b. Simulink

Simulink représente l'extension graphique de Matlab. En effet, cette plateforme permet la modélisation, le test et la simulation des systèmes dynamiques embarqués. Il offre une variété de blocks de modélisation contenu dans des bibliothèques.

Afin d'ouvrir cette fenêtre on doit taper dans la fenêtre des commandes le terme « Simulink », cette figure ci-dessous apparait :

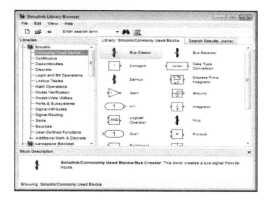

Figure II.6 : La fenêtre Simulink

c. StateFlow

c.1. Définition

StateFlow est un outil de simulation développé par la société « Math Works ». Il est dédié à la représentation des systèmes à événement discrets. Comme, il fournit des éléments nécessaires pour la description d'une logique

33

complexe sous une forme naturelle, lisible et compréhensible.

C'est un environnement étroitement intégré avec Matlab et Simulink afin de permettre la conception des systèmes embarqués.

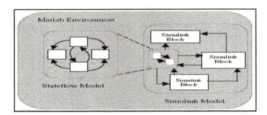

Figure II.7 : La relation entre Matlab Simulink et StateFlow

En effet, StateFlow est un bloc Simulink, caractérisé par des éléments graphiques qui définissent des états, des transitions, des jonctions et des fonctions comme le montre la figure ci-dessous.

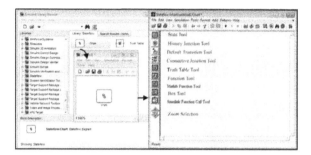

Figure II.8 : L'interface StateFlow

c.2. Les objets StateFlow

Un diagramme StateFlow est composé d'un ensemble des objets .Une partie de ces objets est graphique, on peut les dessiner directement dans l'interface. L'autre partie est non graphique, elle est sous forme textuel.

-Les objets graphiques : qui apparaissent sous forme d'une représentation graphique symbolique et normalisé.

- L'état (State) : L'état décrie le mode d'un système réactive. L'état (actif ou inactif) d'un état change de façon dynamique suite à un événement ou une condition .On peut trouver deux types des états :
    - état exclusif (OR): ce type exige qu'un seul état doive être actif à un moment bien déterminé.

35

> ➢ état parallèle (OU) : dans ce cas plusieurs états peuvent être actives au même temps.

En revanche, un état peut englober plusieurs sous-états (visualisation de la relation parent enfants), dans ce cas l'état est appelé super-état.

- Transitions : Les transitions lient les objets entre eux.
- Default Transitions : c'est la transition par défaut ayant une fonction particulière. Elle permet de spécifier l'état exclusif qui doit être actif à l'initialisation de notre diagramme. Prenons le schéma suivant indiquant que l'état « Substate2 » devient active par défaut lorsque le sous système « State » devient actif.

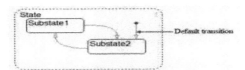

- La jonction H (History Junction) : Cette jonction enregistre l'état ou le sous état qui a été active le dernier. En effet, pour un ensemble des états de décomposition « OR » ayant un « History Junction », la destination va être le dernier état visité.

36

- Connective Junction : Ces jonctions présentent des points de décision dans le système.

- Truth Table Tool : permet la mise en place des décisions logique suivant des conditions et des actions bien définis.
- Function Tool : représente un ensemble des instructions permettant d'effectuer une opération déterminée.
- Matlab Function Tool : c'est une fonction écrite en langage Matlab.
- Simulink Function call Tool

-Les objets non graphiques :

- Events : l'occurrence d'un événement cause le changement des états.

- Data : Les données sont définis, modifier et enregistrer via Model Explorer.
- Conditions : Les conditions permettent l'activation d'une transition

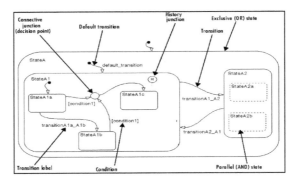

Figure II.9 : Exemple des objets

c.3. Les étapes de modélisation sous StateFlow

Il ya sept différents étapes pour modéliser un processus sous StateFlow, en effet, ils apparaissent dans la figure ci-dessous :

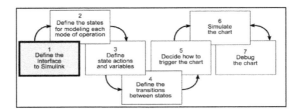

Figure II.10: Les différentes étapes de modélisation sous StateFlow

- Pour la première étape et au début de conception de chaque diagramme sous StateFlow, on doit ajouter le block StateFlow dans le model Simulink.
- Pour la deuxième étape on va ajouter les états tout en respectant la décomposition (exclusive ou parallèle).
- Lorsqu'on atteint la troisième phase, on doit définir les actions effectué à chaque état.
- Quatrièmement, on va relier les états entre eux via des transitions, tout en définissons les conditions de passage s'ils existent.
- Pour la cinquième partie, elle explique comment un diagramme StateFlow passe de l'état « sleep » à l'état « wake up ». En effet, il existe trois méthodes, la variation de la fréquence, l'utilisation d'un signal comme un trigger et ou l'utilisation d'un autre diagramme StateFlow pour la commande.
- Sixièmement, après la conception du diagramme et son intégration avec le model Simulink, on doit entamer la phase de simulation. Cette partie est caractérisée par la possibilité d'animation des états et des transitions lors de l'exécution, ceci facilite la vérification du comportement du diagramme.
- Finalement, c'est la phase de débogage permettant d'introduire l'ensemble des erreurs et des « warning » d'un diagramme s'ils existent.

d. Real Time Workshop

Le Real Time Workshop ou RTW représente un outil Matlab très puissant et ayant pour objectif l'obtention d'un code C claire et efficace, à partir des modèles Simulink et StateFlow. Ce code générer peut être chargé dans une cible (un microprocesseur, un microcontrôleur ou FPGA) afin d'être exécuter [7].

Le Real Time Workshop permet [6]:

- La génération d'un code C et d'un exécutable pour des systèmes continues, discret et hybride modélisé via Simulink.
- La génération du code des machines à états finis modélisé via StateFlow
- L'optimisation du code générer pour des applications temps réels, non temps réel et des applications embarqués.

La figure ci-dessous défini les différent étapes de génération d'un exécutable à partir d'un modèle Simulink/StateFlow via le Real Time Workshop.

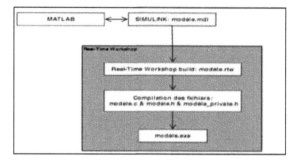

Figure II.11 : Le passage des modèles Simulink en exécutables

e. VHDL coder

C'est un outil Matlab permettant la génération d'un code VHDL (Very high speed integrated Hardware Description Language) à partir des modèle Simulink et des diagrammes StateFlow. Ce code peut être vérifié par le biais de Model Sim. Il peut être chargé dans des ASIC (application-specific integrated circuit) et des FPGA (field programmable gate array).

En effet, VHDL représente un langage de description matériel, dont le but est de décrire des systèmes électronique ainsi que la validation de fonctionnement avant la mise en œuvre matérielle. [9]

41

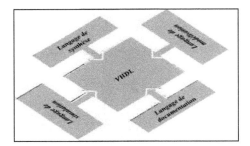

Figure II.12 : Objectifs du langage VHDL

f. ModelSim

ModelSim est un environnement de simulation Verilog, SystemVerilog et VHDL. En fait, le diagramme suivant montre les différentes étapes de simulation d'un design via ModelSim :

Figure II.13 : Les étapes de simulation d'un design via ModelSim

III. Transformation des diagrammes SDL du FlexRay en FSM via StateFlow

SDL est un langage de description et de spécification caractérisé par un haut niveau d'abstraction. En effet, dans cette partie, on va détailler les différentes étapes de transformation du design SDL du contrôleur réseau FlexRay en machines à états finis.

Comme on a vu dans le premier chapitre «Présentation du protocole FlexRay» dans la figure «Architecture interne du contrôleur réseau FlexRay », le contrôleur réseau est composé essentiellement de 12 blocs : controller host interface (CHI), protocol operation control (POC), macrotick generation (MTG), clock synchronization processing(CSP), clock synchronization startup channel A (CSS_A), clock synchronization startup channel B (CSS_B), media access control channel A (MAC_A), media access control channel B (MAC_B), frame and symbol Processing channel A (FSP_A), frame and symbol Processing channel B (FSP_B), coding / decoding processes channel A (CODEC_A) et coding / decoding processes channel B (CODEC_B).On va prendre certains blocks pour faire notre étude.

1. Présentation générale du système

Le système est présenté premièrement par le biais de JSDL, ensuite modélisé sous Simulink/Matlab. Durant cette partie, on va étudier profondément ces deux étapes.

1.1.Modélisation du système via JSDL

Les premières étapes de gestion d'un projet JSDL figure dans le schéma suivant :

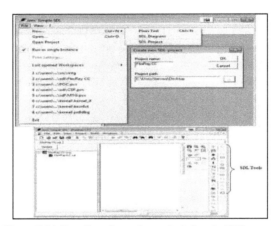

Figure II.14: Premières étapes de manipulation du JSDL

Un projet JSDL est composé d'un ensemble des fichiers dont certains sont produit automatiquement lors de la création du projet, d'autre sont créé via l'utilisateur et une autre partie sera généré automatiquement par le générateur du code. Comme il ya inclusion d'autre fichiers sources qui forme le noyau du système JSDL. Ceci peut être bien expliqué avec le schéma suivant :

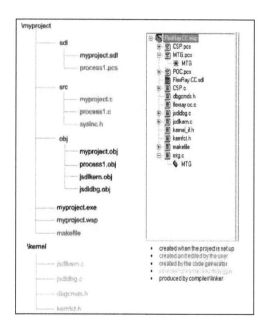

Figure II.15 : Les différents fichiers d'un système sous JSDL

En effet, lors de la création d'un nouveau projet dans un chemin définis quatre sous chemins sont conçu automatiquement : un dossier sdl, un dossier kernel, un dossier src et un dossier obj.

Les **.pcs** représentent les diagrammes des différent processus, ils sont ajoutés manuellement au projet et ils sont enregistrés dans le dossier **sdl**.

Pour le dossier **src**, tous les fichiers sont produit par le générateur du code de tel sorte que pour chaque fichier du premier dossier (sdl) est généré un fichier portant le même nom dans le deuxième répertoire (src), en addition on trouve le fichier « sysinc.h » qui contient les déclarations nécessaire pour le projet.

Pour le répertoire **kernel** il englobe des fichiers standards pour la conception d'un système JSDL tels que kernfct.h et dbgcmds.h.

Il reste les fichiers **.obj** qui sont générés via un compilateur. Ce dernier, doit être intégré à cet environnement JSDL.

La figure suivante schématise le diagramme « haut niveau » ou « Top level diagram ». Ce type des diagrammes permet de définir les relations entre les différents blocs via des messages ou encore appelé des signaux.

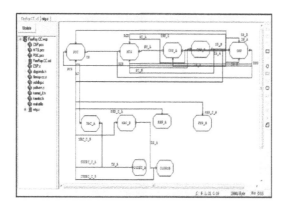

Figure II.16 : Structure interne du système FlexRay

Dans cette zone de conception des blocs du contrôleur FlexRay, on constate qu'un certains nombre des outils sont inactive, en effet les icones actives apparait dans la figure suivante :

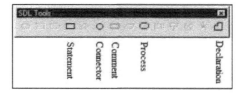

Figure II.17 : Les outils SDL de conception du « Top level diagram »

1.2.Modélisation du contrôleur réseau via Simulink

Le contrôleur réseau représente un système intégrant des sous systèmes, dont chacun accomplis une fonction bien définis. En effet les sous systèmes sont reliés entre eux via les signaux d'entrée et de sortie. La figure ci-dessous représente une partie incomplète du modèle FlexRay, il intègre juste les blocks MTG, CSP, POC et MAC_A.

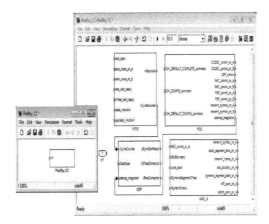

Figure II.18 : Une partie de modélisation du FlexRay via Simulink

2. Etude du block MTG

Le block MTG est modélisé premièrement dans l'environnement JSDL qui permet la génération automatique d'un code C. Ce dernier est transformé en machine à états finis, et enfin implémenté sous StateFlow.

4.3. Présentation du block MTG

Le processus « Macrotick Generation » ou MTG est responsable de la génération des macroticks. En revanche, il contrôle le nombre de cycle et le nombre des macroticks par cycle. Comme il participe dans la correction d'offset et de fréquence.

4.4. Le block MTG sous JSDL

Afin de présenter un sous système via l'environnement JSDL, d'autres outils sont visible.

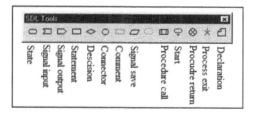

Figure II.19: Outils SDL disponible pour la modélisation des sous système

49

En effet, le tableau suivant montre les outils proportionnels à un diagramme « Top level » et un diagramme « Process level ».

Symbol		Top level	Process level
⬭	Process/procedure start	x	x
⬭	State	x	
▭	Statement	x	x
▱	Save signal	x	
⊟	Procedure call	x	x
⬭	Output	x	x
⊴	Input	x	
◇	Descision	x	x
▭	Declaration	x	x
◯	Connector	x	x
⊗	Procedure exit		x
✕	Process exit	x	
⬚	Comment	x	x

Tableau II.1 : Les outils d'un « Top level » et d'un« Process level »

Ces outils SDL permettent de dessiner les diagrammes SDL de la spécification sous JSDL. En fait, le schéma ci-dessous montre l'implémentation du block MTG.

Transformation des diagrammes SDL du FlexRay sous StateFlow

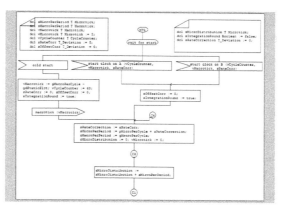

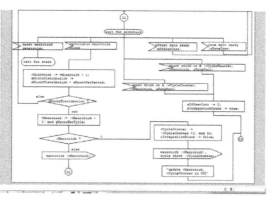

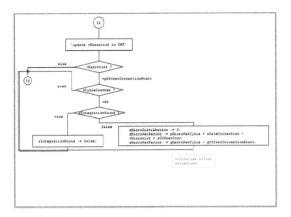

Figure II.20 : Le block MTG sous JSDL

D'après ce dessin nous sommes capable de généré un code
C. En effet, le code représente une autre lecture du
diagramme MTG **(Annexe 1)**.

4.5.   Le block MTG sous StateFlow

Le code (Annexe1) est transformé en machine à états
finis qui peut être implémenté sous StateFlow. En effet,
StateFlow est un block sous Simulink, d'où nous avons
procédé de la manière suivante :

Transformation des diagrammes SDL du FlexRay sous StateFlow

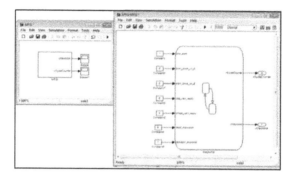

Figure II.21 : Le bloc MTG sous Simulink

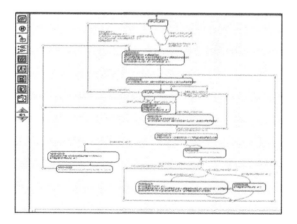

Figure II.22: Le block MTG sous StateFlow

53

5. Etude du bloc CSP

5.1. Présentation générale du bloc CSP

Ce bloc permet d'achever deux fonctions principales, la première se manifeste dans la correction d'offset et la deuxième représente la correction de la fréquence.

5.2. Le block CSP sous StateFlow

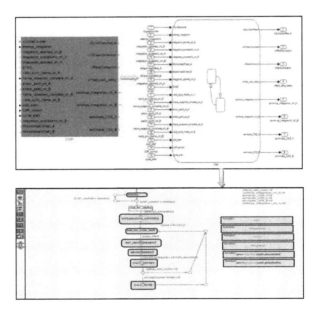

Figure II.23 : CSP sous StateFlow

En fait, il existe assez de « super-state » dans ce bloc nous citons

«INTEGRATION_CONTROL », « INIT_MEASERMENT»,« MEASERMENT», « CALC_OFFSET»   et « CALC_RATE».Nous prenons l'exemple du « CALC_ OFFSET» afin d'avoir le diagramme suivant, ce sous bloc peut contenir d'autre sous blocs:

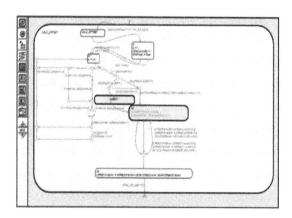

Figure II.24 : schéma du sous bloc « CALC_ OFFSET»

6. Etude du bloc POC

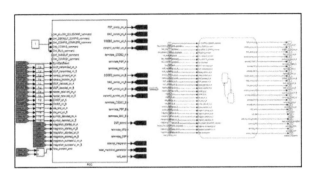

Figure II.25 : POC sous Simulink

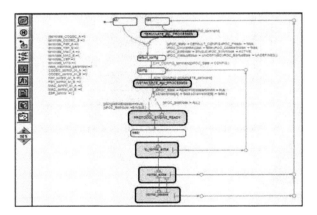

Figure II.26: POC sous StateFlow

IV. Conclusion

Dans ce chapitre nous avons exposé en premier lieu l'environnement du travail qui se base essentiellement sur l'outil de simulation StateFlow. En effet, il représente un bloc Simulink du logiciel Matlab. En deuxième lieu nous avons présenté différents diagrammes des différents blocs du contrôleur réseau FlexRay.

Pour le chapitre suivant il va être consacré pour la simulation et la validation du bloc MTG ensuite nous allons effectuer une validation primaire de tout le système.

Test et vérification

I. Introduction

Dans le chapitre précédant, on a présenté théoriquement la méthode de transformation des diagrammes SDL du contrôleur réseau FlexRay en machines à état finis (FSM) via StateFlow. Durant cette partie, on va visualiser les étapes et les résultats de simulation des FSM.

II. Résultats de simulation du bloc MTG

Dans le diagramme traçant notre méthodologie de travail nous somme en phase de vérification.

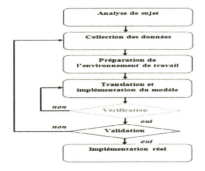

Notre vérification des résultats obtenus était faite via trois méthodes, une méthode manuelle, une méthode de vérification par le biais de Matlab et la troisième via Model Sim. Ces différents procédés vont être développé une par une ainsi de suite.

1. Résultats de la méthode manuelle

Cette méthode consiste à suivre étape par étape le diagramme SDL du block Macrotick Generation. En effet, après l'entrée au block MTG on a comme entrée active « cold start » d'où vMacrotick := gMacroPerCycle −gdStaticSlot et vCycleCounter := 63; ensuite vCycleCounter prend 0 .Après l'état «wait for microtick» et si l'entrée active est « oscillator microtickclock » on a vMicrotick := vMicrotick + 1. Si « zMicroDistribution <=0 » donc « vMacrotick » prend le reste de division de « (vMacrotick +1) » par « gMacroPerCycle ». Si le résultat de cette dernière opération égale à 0 on a « vCycleCounter := (vCycleCounter +1) mod 64 » si non on effectue les autres testes du diagramme. En fin les résultats sont obtenus manuellement.

Cette méthode n'est pas évidente pour les diagrammes SDL volumineux tels que « Clock synchronization Process » et « Protocol operation control ».

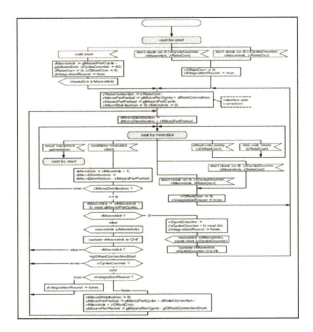

Figure III.1: Le diagramme SDL du block Macrotick
generation [2]

2. Simulation via Matlab

Tous les modèles sont en premier lieu un bloc
Simulink

Test et vérification

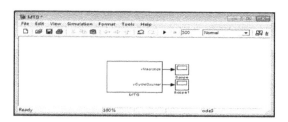

**Figure III.2 : Le modèle Simulink du block Macrotick
generation**

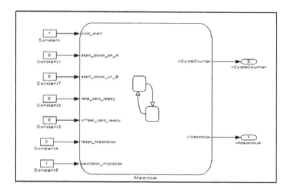

Figure III.3 : Premier niveau de la machine à état finis

On ouvre la fenêtre de débogage via l'icône ![icône] ou bien via
« Tools ➔ Debug » ou « Ctrl+G », on coche la case « Chart
Entry » et on active l'animation ainsi que la visualisation des
données.

61

Test et vérification

Figure III.4 : Fenêtre de débogage

Test et vérification

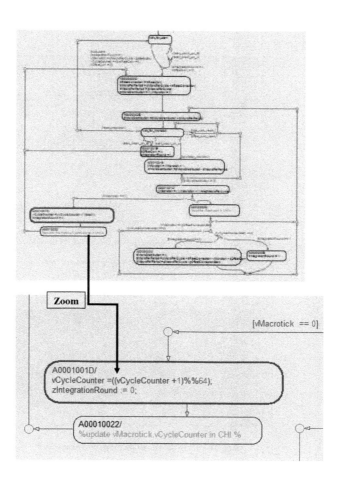

Figure III.5 : Résultats de simulation à un état bien définie

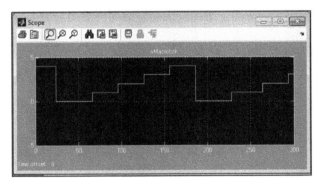

Figure III.6 : Visualisation de la sortie vMacrotick

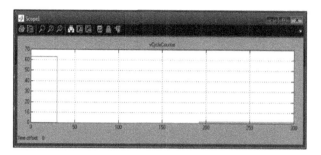

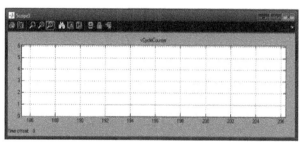

Figure III.7 : Visualisation de la sortie vCycleCounter

3. Simulation via Model Sim

Model Sim est un outil ou un environnement de développement et de simulation pour les langages VHDL, Verilog, System C et System Verilog.

Dans cette partie on va citer les différents étapes qui nous guide pour implémenter la session « EDA Simulator Link

MQ », cette session utilise Simulink et les fichiers .vhd afin de simuler et vérifier un modèle.

Pour atteindre notre objectif, la simulation d'un modèle via Model Sim, il faut suivre les points suivants :

- Lancer Model Sim à partir de Matlab via la commande « vsim ('socketsimulink', 4449) »
- Indication du répertoire cible via la commande « cd C:/MonMTG »
- Création d'une bibliothèque pour l'enregistrement des résultats de compilation par le biais des commandes :

    ➤ vlib work
    ➤ vmap work work

Figure III.8 : Création de la bibliothèque « work »

- Ajout des fichiers.vhd via les commandes :
  - ➤ edit MacrotickGeneration.vhd
  - ➤ edit Macrotick.vhd
  - ➤ edit MTG.vhd

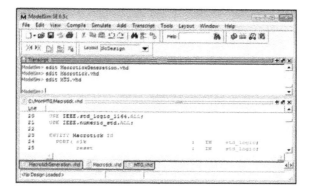

Figure III.9 : Ajout des fichiers .vhdl

- Compilation de ces trois fichiers

Tout les fichiers concerné doivent être compilé, sans oublier que l'ordre de compilation de ces derniers est très important, on commence alors par le fichier « MacrotickGeneration.vhd » ensuite « Macrotick.vhd » et enfin « MTG.vhd ». Les résultats de simulation sont enregistrés dans la bibliothèque « work ».

Figure III.10 : Compilation des fichiers

- Création du model Simulink et configuration des paramètres

On va implémenter un modèle Simulink simple constitué de :

> ➤ deux constantes de la bibliothèque Simulink/Sources puisqu'on a deux entrées
> ➤ un block de cosimulation HDL de la bibliothèque EDA Simulator Link MQ block
> ➤ deux blocks Display de la bibliothèque Simulink /Sink pour afficher les résultats des sorties de deuxième block

Test et vérification

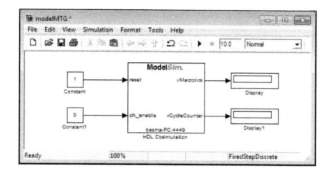

Ensuite on doit vérifier les valeurs initiales et les paramètres de chaque block :

Puis, on doit configurer les paramètres du block HDL Cosimulation (les entrées, les sorties, l'horloge et la connexion)

Figure III.11 : Configuration des ports

Figure III.12: Configuration d'horloge

Figure III.13 : Configuration de la connexion

La sélection de la méthode de connexion « Socket » indique que Model Sim et Matlab vont communiquer via le port TCP/IP pour cela deux champs seront visible, le nom de la machine et le nombre du port ou de service qui est mis par défaut à 4449.

Figure III.14 : Configuration des paramètres du « Solver »

  a. Chargement des entités VHDL pour la simulation avec Modelsim via la commande « vsimulink work.mtg »

Test et vérification

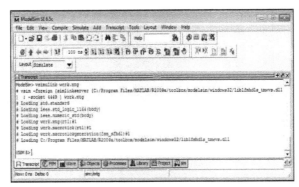

Figure III.15 : Chargement du modèle

La commande précédente permet l'apparition de la fenêtre
suivante :

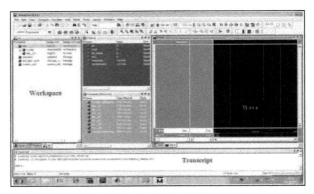

Figure III.16 : Interface Model Sim

Cette image ci–dessus présente la capture d'écran de l'interface graphique. En effet, la première partie « Workspace » contient l'ensemble des bibliothèques chargée par défaut, la deuxième représente la partie « Transcript » permettant de visualiser les messages lors de la compilation et la simulation ainsi l'affichage des instructions et la troisième partie c'est la zone « Wave » ou se visualise les résultats de simulation.

    b. Lancer la simulation

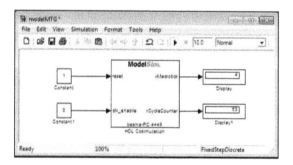

Figure III.17 : Lancement de simulation du modèle Simulink

Le lancement de simulation en Model Sim se fait en utilisant les commandes suivantes :

De gauche à droite, on se permet alors d'effectuer le :

- Redémarrage de la simulation
- Fixation de temps de simulation
- Simulation pendant un temps précis
- Achèvement ou continuation de la simulation
- Simulation jusqu'au premier point d'arrêt
- Arrêt de la simulation
- Simulation pas à pas (step, step over, step out)

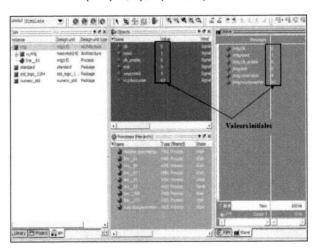

Figure III.18 : Résultats initiales de simulation

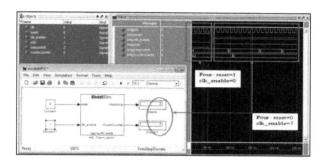

Figure III.19 : Visualisation des valeurs de simulation

La visualisation des chronogrammes se fait par affichage du block « Wave » (via la commande VSIM *n*> add wave /inverter/* ou bien View ➔ Wave), ceci assure l'apparition des outils spécifiques au block « Wave » permettant de zoomer et/ou positionner les curseurs.

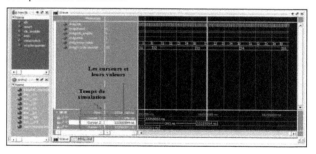

Figure III.20 : Visualisation de temps de simulation et des valeurs des curseurs

III. Vérification du POC

Durant cette exemple, nous allons fixer un certains nombre des entrées et voir le comportement du bloc POC. La machine se comporte comme il est indiqué ainsi de suite :

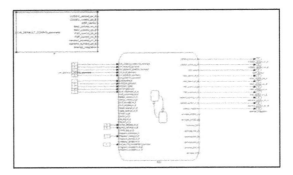

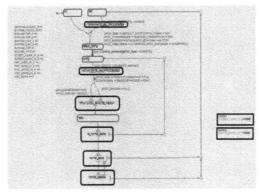

Test et vérification

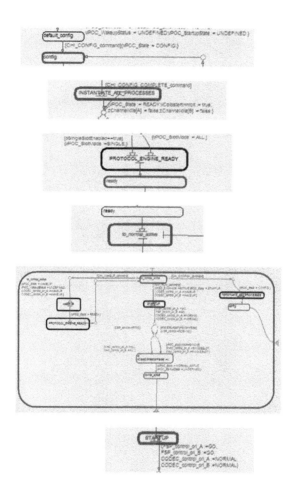

Test et vérification

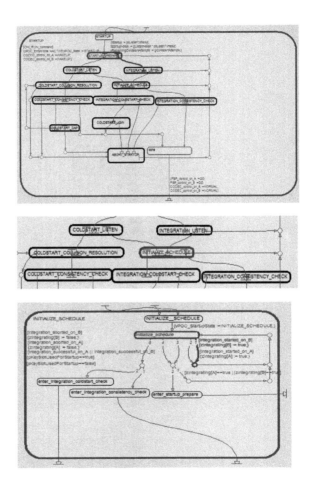

IV. Vérification du modèle du protocole FlexRay

1. Présentation du modèle complet

Après la vérification de chaque bloc séparément des autres, nous allons lier tous les blocs entre eux afin d'analyser le comportement du modèle. Le modèle est présenté dans la figure suivante :

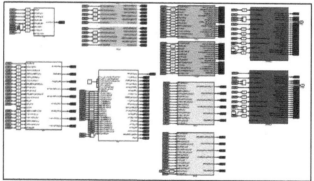

Figure III.21 : Présentation du modèle du protocole FlexRay

2. Vérification du modèle

Dans cette étape, nous avons imposés les inputs « CHI »
du bloc «POC» et après simulation nous récupérant les
résultats suivant :

- Test n°1

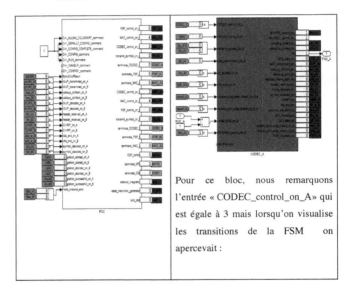

Pour ce bloc, nous remarquons
l'entrée « CODEC_control_on_A» qui
est égale à 3 mais lorsqu'on visualise
les transitions de la FSM on
apercevait :

Mais « READY »=2 ceci est bloquant mais lorsqu'on introduit un « scope » au niveau de cette entrée on distingue une transition intermédiaire entre les deux valeurs d'initialisation (0) et celle de fin de simulation :

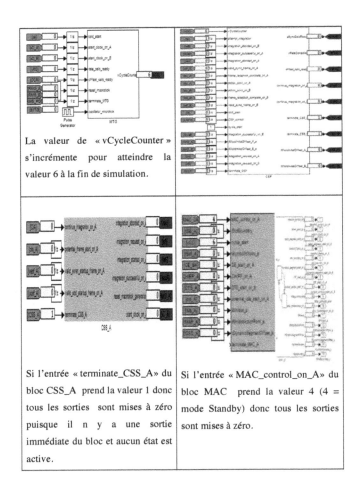

La valeur de « vCycleCounter » s'incrémente pour atteindre la valeur 6 à la fin de simulation.

Si l'entrée «terminate_CSS_A» du bloc CSS_A prend la valeur 1 donc tous les sorties sont mises à zéro puisque il n y a une sortie immédiate du bloc et aucun état est active.

Si l'entrée « MAC_control_on_A» du bloc MAC prend la valeur 4 (4 = mode Standby) donc tous les sorties sont mises à zéro.

Test et vérification

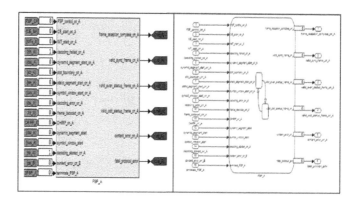

- Test n°2

Mise à 1 de l'entrée « potential_frame_start » du bloc « CSS ».

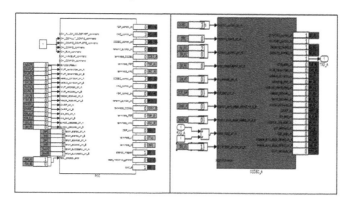

Test et vérification

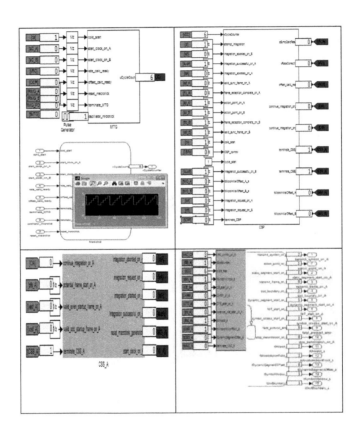

Test et vérification

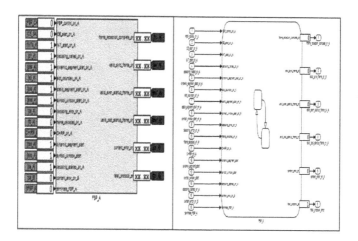

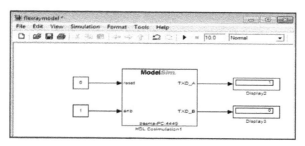

Test et vérification

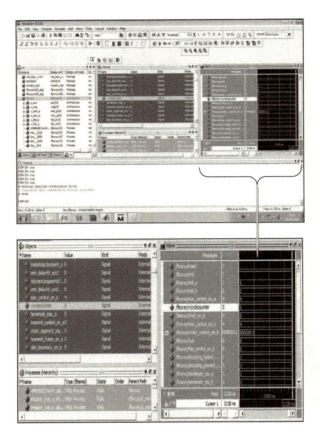

Figure III.22 : Résultats de simulation par ModelSim

Les résultats de simulation via ModelSim conforme bien à celle de Matlab.

V. Conclusion

Ce chapitre était consacré pour la vérification des résultats de simulation des machines à états finis qu'on a effectuées, on a commencé par un test manuel des diagrammes SDL de la spécification du protocole FlexRay. Puis une deuxième partie de ce chapitre est réservé pour le test via l'outil Matlab, et enfin une vérification via l'environnement Model Sim. Ces trois méthodes ont amené aux mêmes résultats.

Conclusion générale et

perspectives

L'objectif de ce sujet de mastère se manifeste dans la transformation des diagrammes SDL de la technique d'accès et du protocole FlexRay en Machines à états finis sous StateFlow.

En effet, on cherche à fournir ou générer le code en C et ou VHDL d'un nouveau protocole de communication temps réel et plus puissant que les autres protocoles déjà existant tels que le CAN et le LIN. FlexRay est caractérisé essentiellement par un haut débit de communication qui atteint le 20 Mbit/s et des techniques d'accès au bus particulières : le TDMA (Time Division Multiple Access) el le FTDMA (Flexible Time Division Multiple Access).

La spécification du protocole nous fourni les différents diagrammes SDL de la technique d'accès et du protocole FlexRay pour les transformer en premier lieu en machines à états finis. Ces derniers vont être implémentés sous StateFlow, ensuite il y aura génération du code tout en utilisant « HDL Coder » ou «Real Time Workshop ».

Ceci nécessite le passage par les étapes suivantes :

1. Présentation et étude du protocole de communication FlexRay

2. Ecriture des machines à états finis du protocole et de la technique d'accès sous StateFlow

3. Test de la logique des états obtenus

4. Génération des blocks Simulink du contrôleur et du code C et ou VHDL

5. Test et vérification

En perspective de ce projet, un travail beaucoup plus poussé consiste à transformé les machines à états finis en réseau de « Petri » afin d'évaluer mathématiquement la technique d'accès et le protocole. Cette évaluation permet de préciser le débit maximal ainsi que le temps de latence.

Références Bibliographiques

[1] Réseaux multiplexés pour systèmes embarqués-Dominique Paret-IBSN 2 10 0052675

[2] FlexRay Communications System-Protocol Specification-Version 2.1-Revision A

[3] "Technologie X-by-Wire et réseau FlexRay" -Salem HASNAOUI- présenté au Séminaire RLI Sousse, Tunisie Mars 2010

[4] FlexRay ASSP MB88121B User's Manual

[5] Réalisation d'un driver FlexRay sous uc_osII , et d'une carte à base du circuit MB88121B de Fujitsu-Projet de fin des études-Jedli Besma-2009 /2010

[6] Matlab/ Real-Time Workshop/ What You Can Accomplish Using Real-Time Workshop Technology

[7] http://www.mathworks.com/products/rtwembedded/

[8] http://w3.gel.ulaval.ca/~lehuy/intromatlab/doc_1.htm

[9] http://www.actel.com/documents/modelsim_tutorial_ug.pdf

Annexe1 :

```
                return( ERR_UNKNOWNMSG );
        }
        break;
    /*#00010011*/
    case  S_MTG_wait for microtick
        bWaitForMsg=1;
        switch(thisProc->pMsg->msgID)
        {
        /*#00010011*/
        case rate calc ready
(zRateCorr)
            /*#00010011*/
            thisProc->state=(unsigned int)S_MTG_wait for microtick;
            break;
        /*#00010011*/
        case offset calc ready
(zOffsetCorr)
            /*#00010011*/
            thisProc->state=(unsigned int)S_MTG_wait for microtick;
            break;
        /*#00010019*/
        case start clock on A (vCycleCounter
             vMacrotick
             zRateCorr)
M00010019:
            /*#0001001e*/
            zOffsetCorr = 0
            zIntegrationRound  = true
            goto M0000060C
            break;
        /*#0001001f*/
        case start clock on B (vCycleCounter
             vMacrotick
             zRateCorr)
             goto M00010019
             break;
        /*#00010035*/
        case reset macrotick
generation.
            /*#00010036*/
            thisProc->state=(unsigned int)S_MTG_wait for start
```

```
        break;
    /*#00010041*/
    case oscillator microtick
clock
        /*#00010048*/
        vMicrotick  = vMicrotick + 1
        zMicroDistribution  =
        zMicroDistribution - zMacroPerPeriod
        /*#0001004a*/
        if( (zMicroDistribution ?)<=0 )
        {
            /*#0001004b*/
            vMacrotick  = (vMacrotick +
            1) mod gMacroPerCycle
            /*#00010010*/
            if( (vMacrotick ?) == o/se )
            {
                /*#00020021*/
                SendMsg( macrotick (vMacrotick),(msgEntry_t)0)
                /*#00020025*/
                /*update vMacrotick in CRI
                /*#00020026*/
                if( (vMacrotick ?)>gOffsetCorrectionStar )
                {
                    /*#00020022*/
                    if( (vCycleCounter ?) == odd )
                    {
                        /*#00020027*/
                        if( (zIntegrationRound ?) == true )
                        {
                            /*#00020029*/
                            zIntegrationRound  = false
                            goto M0000030E
                        }
                        else if( (zIntegrationRound ?) == false )
                        {
                            /*
                            initialize offset
                            correction*/
                            /*#0002002b*/
                            zMicroDistribution  = 0
```

92

```
                        zMicroPerPeriod  + pMicroPerCycle + zRateCorrection -
                        vMicrotick + zOffsetCorr
                        zMacroPerPeriod  = gMacroPerCycle - gOffsetCorrectionStart
                        goto N0000000E
                    }
                }
                else if( (vCycleCounter ?) == even )
                {
                    goto N0000000E
                }
                else if( (vMacrotick ?) == zone )
                {
                    goto N0000000E
                }
                else if( (vMacrotick ?) == 0 )
                {
                    /*ss001021E*/
                    vCycleCounter =
                    (vCycleCounter +1) mod 64
                    zIntegrationRound  = false
                    /*ss001020E*/
                    SendMsg( macrotick (vMacrotick) (seqEntry_t)cycle start (vCycleCounter))
                    /*ss001022E*/
                    update vMacrotick
                    vCycleCounter in CNT
                    goto N0000020C
                }
                else if( (zMicroDistribution ?) == zone )
                {
                    /*ss001001E*/
                    thisProc->state=(unsigned int)S_ETG_wait for microtick
                    break
                default
                    (*dbg)(0)
                    return( ERR_UNKNOWNMSG )
                break
        default: RunTimeError(ERR_INVALIDSTATE)
            bWaitForMsg=1
            (*dbg)(0)
            break;
    }
}
return(NOERROR);
}
```

93

Glossaire

Termes &Abréviations   *Désignations*

A :
ASIC   *Application Specific Integrated Circuit*

C :
CHI   *Controller Host Interface*
CSP   *Clock Synchronization Processing*
CSS_A   *Clock Synchronization Startup Channel A*
CSS_B   *Clock Synchronization Startup Channel B*
CRC   *Cyclic Redundancy Code*
CODEC_B   *Coding / Decoding Processes Channel A*
CODEC_A   *Coding / Decoding Processes Channel B*
ECU   *Electronic Control Unit*

F :
FSP_A   *Frame and Symbol Processing Channel A*
FSP_B   *Frame and Symbol Processing Channel B*
FSM   *Finites States Machines*
FPGA   *Field Programmable Gate Array*

H :
HDL   *Hardware Description Language*

I :
IUT   *International Telecommunication Union*

J :
JSDL   *Jens's simple SDL*

M :
MAC_A   *Media Access Control Channel A*
MAC_B   *Media Access Control Channel B*
MTG   *Macrotick Generation*

N :
NIT   *Network Idle Time*

O :
OSI   *Open System Interconnexion*

P :
POC   *Protocol Operation Control*

S :
SDL   *Specific Description Language*

T :
TDMA   *Time Division Multiple Access*

V :
VHDL   *Very high speed integrated Hardware Description Language*